Este libro le pertenece a:

_____

Este libro está dedicado a mis hijos – Mikey, Kobe y Jojo.

Copyright © 2023 Grow Grit Press LLC. Todos los derechos reservados. Ninguna parte de este libro puede ser reproducida en ninguna forma sin el permiso por escrito de la editorial. Por favor, envíe solicitudes de pedido al por mayor a growgritpress@gmail.com Impreso y encuadernado en los Estados Unidos. NinjaLifeHacks.tv
Tapa blanda ISBN: 978-1-63731-498-2   Tapa dura ISBN: 978-1-63731-499-9

OBSERVA

Ninja Life Hacks™

¡Hago todo lo que puedo en la escuela!

Llego temprano a clase.

Levanto la mano para ser respetuosa y educada.

Trato de prestar atención y esforzarme.

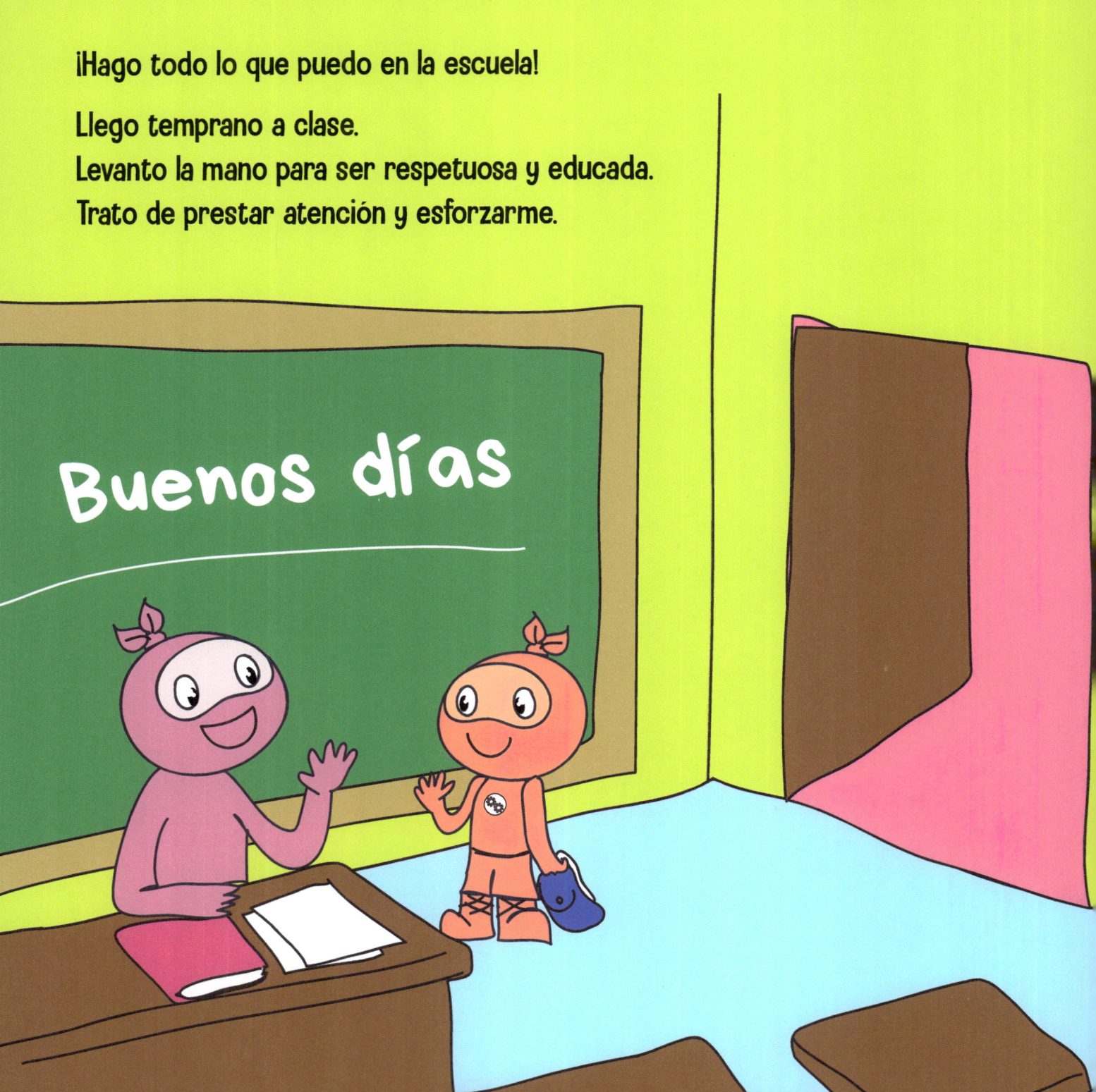

Sin embargo, una de las cosas con las que lucho es aprendiendo nuevos conceptos.

Por ejemplo, en la clase de matemáticas, la Sra. Smith enseñaba cómo decir la hora.

Después de que la Sra. Smith explicara su lección, les dio a todos una hoja de trabajo para practicar decir la hora. Al final de la hora, entregamos nuestras hojas de trabajo.

Mientras salía del salón de clase, el Ninja Cariñoso se dio cuenta de que no estaba teniendo un buen día.

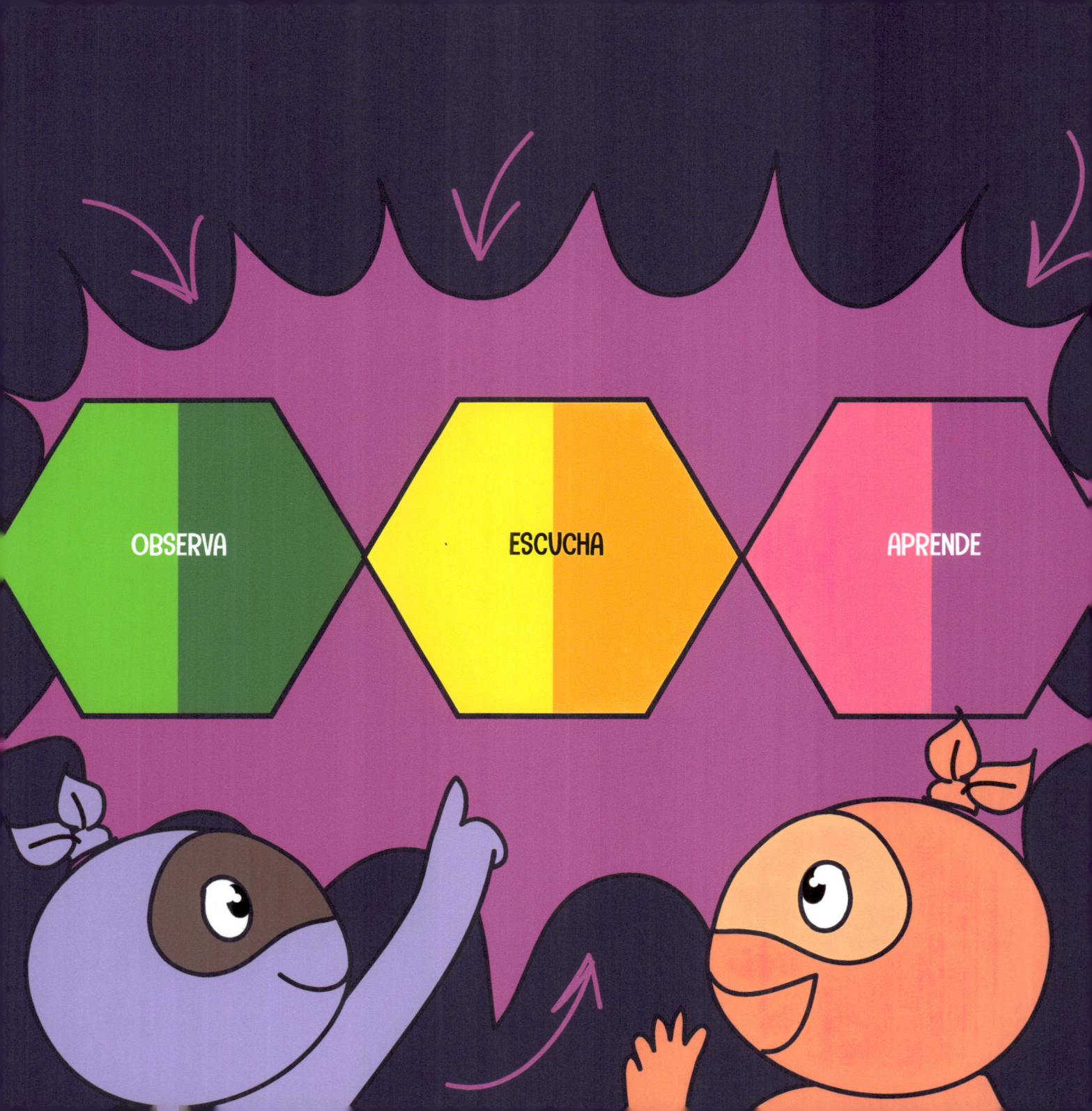

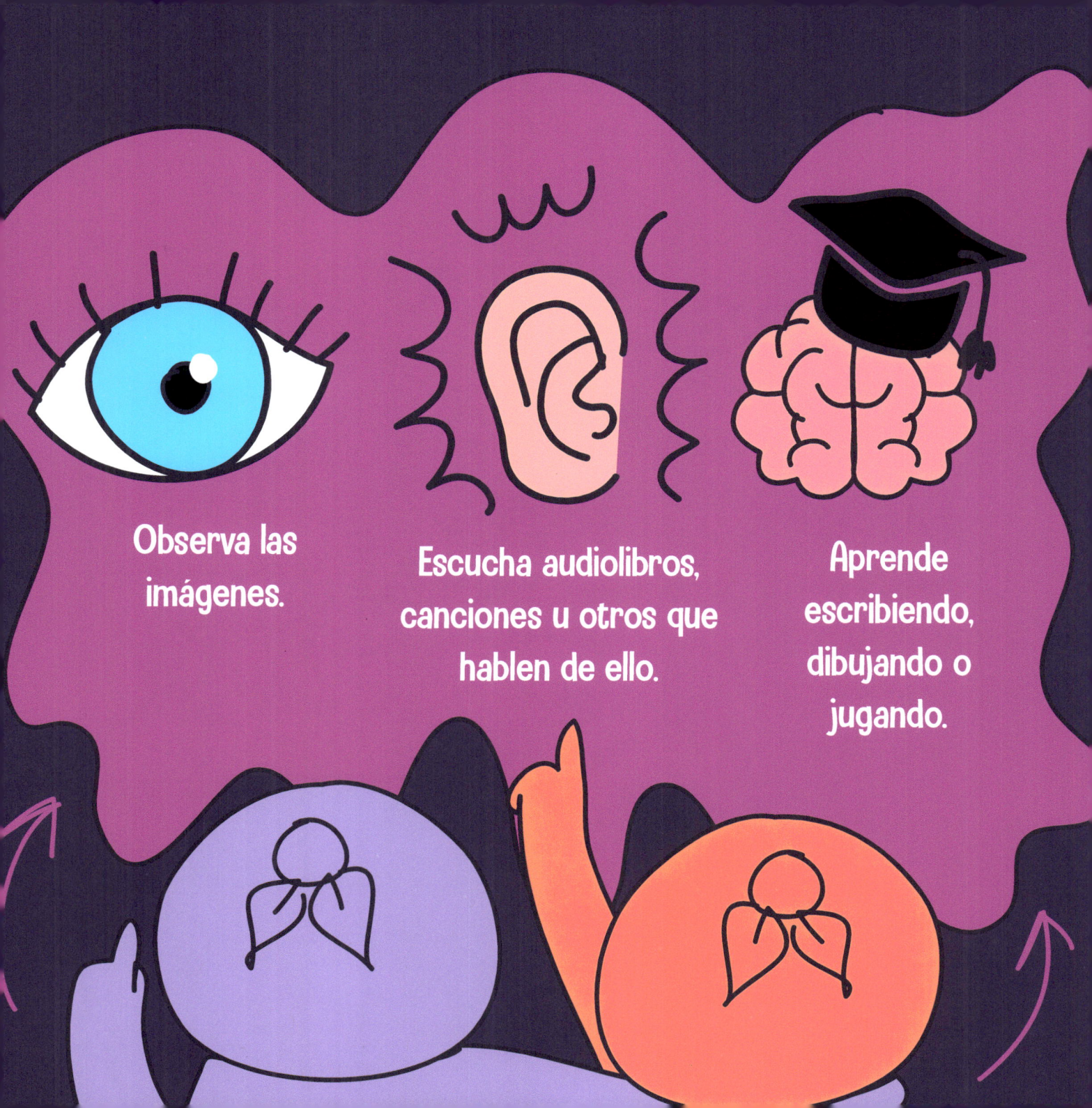

Observa las imágenes como en libros y videos.

Escucha audiolibros, canciones u otros que hablen de ello.

Aprende jugando, escribiendo o dibujando sobre ello.

No podía esperar a emplear esta nueva estrategia. Cuando llegué a casa, les conté a mis padres todo sobre **OEA**. Juntos, encontramos algunos videos sobre como decir la hora.

Mi mamá me dio un reloj analógico. Eso fue genial porque a menudo miraba para ver qué hora era.

Lo he aprendido por:

- Leer, dibujar y escribir algunas notas sobre la hora
- Jugar algunos juegos de decir el tiempo en la computadora
- Usar un calendario

Después de varios días de práctica, empecé a recordar las unidades de tiempo mucho más fácilmente. ¡No podía creer que la estrategia de OEA funcionara tan bien!

60 minutos = 1 hora

12 meses

1 año

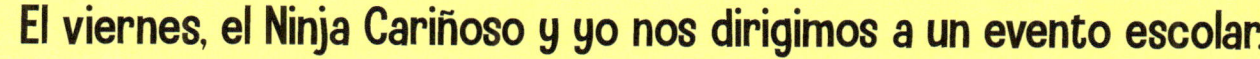

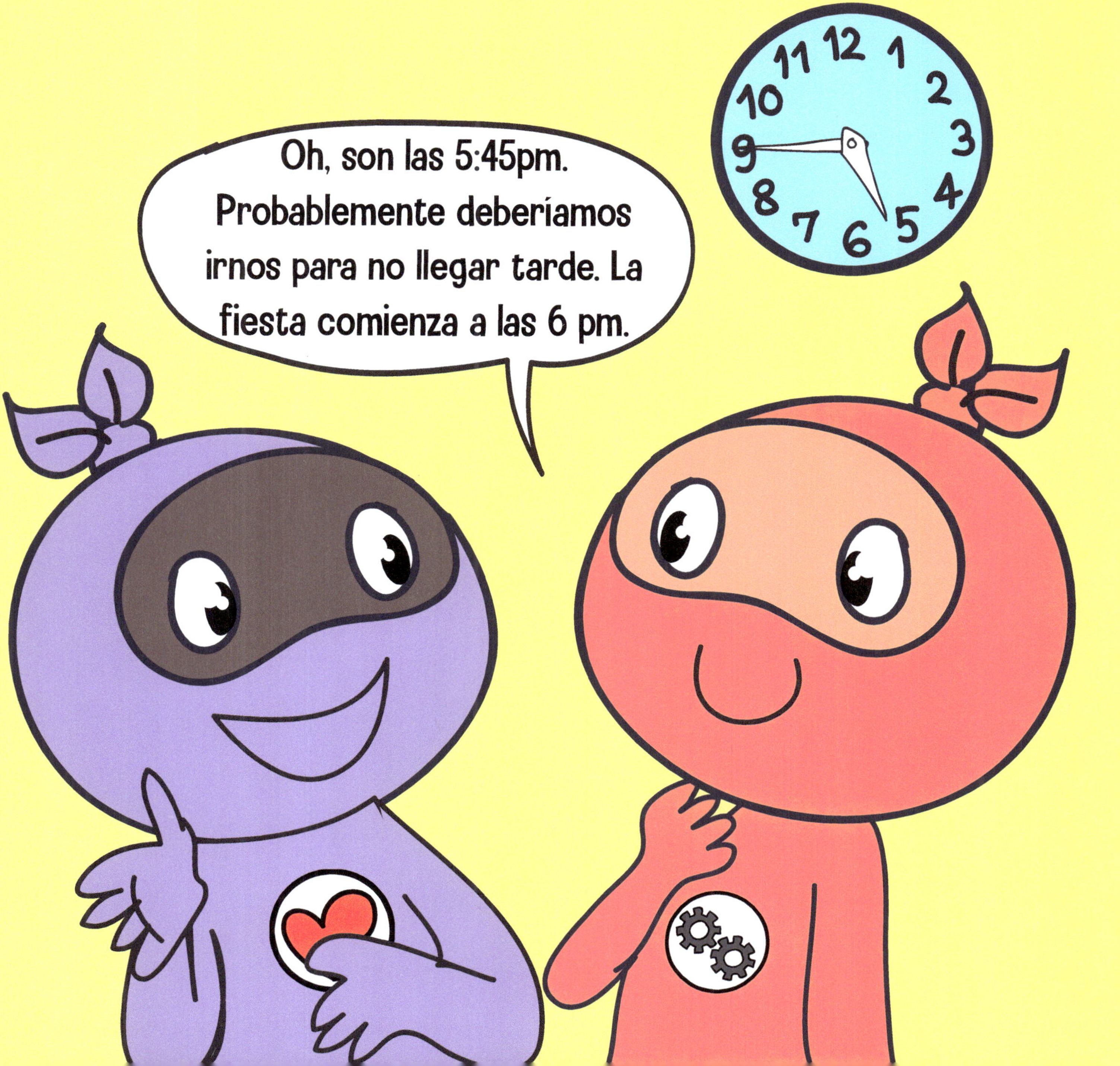

El recordar la estrategia **OEA** podría ser tu arma secreta en el desarrollo de una memoria impresionante.

¡Visita ninjalifehacks.tv para obtener imprimibles divertidos gratis!

📷 @marynhin @officialninjalifehacks
#NinjaLifeHacks

📘 Mary Nhin Ninja Life Hacks

▶️ Ninja Life Hacks

🎵 @officialninjalifehacks